Uwe Wolff

Sieben Engel hat der Mensch

Uwe Wolff

Sieben Engel hat der Mensch

Wie sie dich durchs Leben leiten

Kreuz

Für meine Mutter,
der ich die Liebe zu den Engeln verdanke

Inhalt

Wir sind Engel mit nur einem Flügel.
Um fliegen zu können,
müssen wir uns umarmen.

(*Luciano de Crescenzo*)

Einstimmung

Engel beflügeln die Gedanken. Wenn sie erscheinen, bekommt das Leben etwas Schwebendes, einen Zustand der Leichtigkeit und der Heiterkeit. Wir blicken wieder durch, und neuer Lebensmut erfüllt unsere Seele.

Engel erfahren wir in vielfältiger und unterschiedlicher Weise. Auch du könntest von ihnen erzählen. Versuche es einfach und lass dich von diesem Büchlein inspirieren! Engel haben immer etwas mit deiner Lebensgeschichte zu tun. Fange mit dem Schutzengel an. Er begleitet dich nicht erst seit deinem Geburtstag. Denn unser Leben beginnt mit der Zeugung, ja vielleicht hatten wir sogar ein Vorleben im Paradies. Wer weiß es? Dein Schutzengel und du: Ihr seid das Urbild einer innigsten Verbundenheit. Diese Liebe sucht niemals ihren eigenen Vorteil. Keine Macht der Welt kann sie zerstören. Sie wird niemals aufhören.

Der Schutzengel ist populär wie nie zuvor. Doch was schützt er eigentlich? Gewiss, er schützt vor Unfall und

Gefahr. Aber haben Menschen, die schwer verwundet wurden, die an Krebs oder Aids sterben werden, etwa keinen Schutzengel? Der Schutzengel schützt vor allen Dingen den Wesenskern des Menschen. Wenn wir durch das dunkle Tal gehen, steht er uns zur Seite und trägt uns in seiner Liebe.

Engel sind Schwingung, pulsierendes Leben, Mittler zwischen den Welten, Steigerung der Lebensmelodie. Sie lassen sich von Liebe durchdringen und verströmen sich voller Hingabe, Lebensfreude, Dankbarkeit. Sie kennen keine Berührungsängste, sie reißen Mauern ein und stellen Verbindungen her. Deshalb brauchen wir sie, deshalb begeistern sie uns.

Die Zahl der himmlischen Heerscharen übersteigt unsere Vorstellungskraft. Auch wissen wir nicht, wie viele Schutzengel es auf der Welt gibt. Haben auch Tiere Schutzengel? Vielleicht sogar die Pflanzen? Vielleicht jeder Stein, jeder Berg, ja jeder heilige Ort auf dieser Welt? »Gott, der Herr, hat sie gezählet, dass ihm auch nicht eines fehlet …«, heißt es in einem alten Kinderlied. Die Engelwelt ist voller Geheimnisse. Doch eines wissen wir seit den Tagen der alten jüdischen Mystik: Neben dem Schutzengel stehen uns weitere Engel als Weggefährten auf der Reise durch das Leben zur Seite. Denn sieben Engel hat jeder Mensch. Wie sie heißen und wie du sie erfahren kannst, davon soll jetzt die Rede sein.

Mögen dich die sieben Engel dieses Buches beflügeln!
Mögen sie stets segnend ihre Flügel über dir ausbreiten!
Mögen sie dich begleiten auf allen deinen Wegen!

Fra Filippo Lippi (um 1406-1469), Verkündigung (Ausschnitt)

Gabriel
Engel der Geburt

Vor dem Tor des Lebens
steht der Engel der Geburt und lächelt dir zu.
Er ist der Hüter der Schwelle, der Bote des
Übergangs, dein Wegbegleiter durch das Leben.
Seinen liebevollen Händen ist dein Leben anvertraut.
Unter dem Schatten seiner Flügel findest du
Geborgenheit.

Deine Seele fragt:

Wer bin ich?
Wo war ich?
Was bin ich geworden?
Wohin eile ich?
Was ist Geburt?
Was ist Wiedergeburt?

Der Engel der Geburt antwortet:

Schließe die Augen und werde still.
Erinnerst du dich jetzt?

Die frühe Kindheit

ist die Zeit der großen Fragen:
Wo komme ich her? Warum bin ich auf der Welt?
Wo gehe ich hin?
Die Mutter ist schwanger geworden.
Ihr Leib wölbt sich. Das Kind begleitet Vater und
Mutter zur Schwangerschaftsgymnastik.
Mit einem kleinen Hörrohr aus Holz erlauscht es
die Herztöne des Ungeborenen. Es ist sein Bruder
oder seine Schwester. Der Arzt hatte eine
Ultraschallaufnahme gemacht. Die Mutter aber
wollte das Geheimnis nicht vor der Zeit lüften,
sondern in Erwartung bleiben. Das Ungeborene
klopft mit seinen winzigen Füßchen und Fäustchen
von innen gegen die Bauchdecke.
Erwartung erfüllt auch seine Seele, denn Gabriel
wartet schon am Tor des Lebens.

Der Geburt

gehen Vorbereitungen voraus. Das Kind beobachtet alles genau. Es denkt über seinen eigenen Ursprung nach und ahnt: Auch ich wurde einst geboren. Vielleicht fragt es seine Mutter:

Wo war ich, bevor ich in deinem Bauch war?
Gab es mich nicht?
Oder lebte ich in einer anderen Welt unter Engeln?

Viele Erwachsene haben ihre Kinderfragen verdrängt, weil sie nie eine Antwort darauf erhalten haben. Doch in stillen Momenten und in jenen wunderbaren Augenblicken, die uns mit Staunen erfüllen, hören wir wieder die Stimme des Kindes in uns. Es ist die Stimme Gabriels. Gut, dass sie niemals verstummt. Denn sie bewahrt eine unauslöschliche Erinnerungsspur an unseren Ursprung.

Fra Angelico (um 1387–1455), Die Verkündigung (Ausschnitt)

Der Engel der Geburt sagt:
Du bist geliebt,
du bist gewollt,
du gehst deinen Weg nicht allein.
Noch bevor du im Mutterleib
gebildet wurdest,
hat dich die Liebe beim Namen gerufen.
Vergiss dies nicht
in allen Dunkelheiten des Lebens.
Du bist ein Kind der Liebe
und des Lichtes.

Es gibt ein Leben vor der Geburt.
Jedes neugeborene Kind hat bereits
einen langen Weg hinter sich.
Denn wir sind nicht nur von dieser Welt.

Engelerlebnisse und Engelerfahrungen
geben uns einen Schlüssel zu jenem geheimnisvollen
Paradies, aus dem wir kommen und auf das wir
zugehen. Dort schließt sich der Kreis unseres Lebens.
Mit dem Schlüssel können wir die Tür zur anderen
Welt öffnen. Engelerfahrungen sind Türöffner,
Schlüsselerlebnisse, in denen wir staunend vor
dem Geheimnis unseres Lebens stehen.
Ein kaltes Herz kann davon nicht sprechen.
Doch es wird schon erwärmt, wenn die Mutter
dem Kind ein Wiegenlied vorsingt:

»Guten Abend, gut' Nacht,
von Englein bewacht,
sie zeigen im Traum
dir Christkindleins Baum.«

19

»Schlaf nur selig und süß,
schau im Traum 's Paradies,
schlaf nur selig und süß,
schau im Traum 's Paradies!«

Im Gesang der Eltern wird die eigene Kindheit wieder
lebendig. Der Raum der Erinnerung öffnet sich.
Wir schauen auf unseren Lebensweg, und plötzlich
leuchtet die Spur unseres Lebens klar hervor.
Dann wird unsere Seele von Gewissheit erfüllt.

Der Engel der Geburt sagt:
Du kommst aus dem Paradies.
Dort wurdest du ins Leben gerufen.

Du denkst über die Worte deines Engels nach.
Die Vernunft kann das nicht glauben.
Sie kennt Herz, Hirn und andere innere Organe,
aber von einer Seele weiß sie nichts.
So ist ihr auch dein wahrer Ursprung verborgen.
Kein Anatom hat jemals die Existenz der Seele
nachweisen können. Wissen und Beweise gehören
zur Sprache der Vernunft. Weisheit und Gewissheit
dagegen sind die Sprache der Seele.

Rembrandt van Rijn (1606 –1669), Matthäus und der Engel

Das Wesen des Engels der Geburt
ist Freundschaft und Führung.

Gabriel
begleitet dich ein Leben lang.
Er ist der Engel der Inspiration,
der Engel beflügelnder Gedanken
und kreativer Einfälle.
Er ist der Engel der mystischen Gottesgeburt
im Herzen.

Gabriel
ist ein Bote des Übergangs.
Wenn er erscheint,
dann schenkt er deinem Leben eine Wende,
dann beginnt mitten im Alltag eine neue Zeit,
dann erwacht die Seele in dir
aus dem Schlaf
und atmet Frühlingsluft.

Dem Engel der Geburt
ist der Frühling zugeordnet.
Er wirkt in jeder Knospe,
er schenkt Schneeglöckchen, Christrosen
und Krokussen Wachstumskraft.
Er bringt auch den Frühling in die menschliche Seele.
Er ist die schöpferische Kraft Gottes,
die in allem Lebendigen wirkt.

In der jüdischen Mystik wird Gabriel als Hüter des Paradieses verehrt. Das ist kein Zufall, denn der Garten Eden ist der »Mutterleib der Menschheit«. Gabriel ist zuständig für den Schutz des Lebens und für Erziehungsaufgaben. Er war es, so erzählen jüdische Legenden, der dem Propheten Daniel göttliche Offenbarungen übermittelte und die drei Jünglinge aus dem Feuerofen rettete. Mit Michael und Raphael besuchte er Abraham und Sarah, um die Geburt des Sohnes Isaak anzukündigen. Der junge Joseph wurde von ihm mit himmlischer Weisheit unterrichtet.

Das Christentum hat diese Aufgabenbereiche des Engels der Geburt übernommen: Gabriel kündigt die Geburt des Erlösers an. Neben Lukas gilt er als Maler, der ein authentisches Bild von Maria der Nachwelt überliefert habe.

Gabriel ist der Engel der Freude, der Engel der Gnade und der Engel der Inspiration. Auf zahlreichen Bildern wird er gemeinsam mit Raphael als Engel der Vollendung des Lebens dargestellt. Die Seelen der Verstorbenen trägt er in ein Wickeltuch gewickelt in den

Himmel empor. So ist er auch der Engel der Auferstehung. Wegen seiner positiven Energie wurde Gabriels Beistand auch erbeten, wenn Menschen sich von dunklen Mächten bedroht fühlten. Das bezeugen viele Zaubersprüche und Beschwörungsformeln gegen Bedrängnis, Depressionen und Angstzustände. Viele Künstler stellen in Gabriel die weibliche Seite Gottes dar.

Auch der Islam hebt die außergewöhnliche Bedeutung Gabriels hervor. Gabriel war es, der den Propheten Mohammed stillte und der ihm später in der Höhle von Hira den heiligen Koran offenbarte. Warum Gabriel neben Michael der beliebteste aller Engel wurde, das liegt auf der Hand: Gabriel ist die fruchtbringende Kraft Gottes. Sein Wirken zielt auf die positiven Energien. Allen Menschen, die neu geboren werden wollen, steht er zur Seite. Er schenkt ihnen Selbstvertrauen, Kreativität und die Kraft der Lebenserneuerung. Gabriel hilft den Müttern und Vätern, das Ungeborene anzunehmen. Er gibt dem Kind und seinen Eltern Wachstumskräfte. Menschen, die das Gefühl haben, ihr Leben sei in eine Sackgasse geraten, schenkt er neue Energien. Er beflügelt die Gottesfreunde und legt das göttliche Kind in die Krippe des Herzens.

Du fragst:
Wie kann ich Gabriels Wirken heute erfahren?

Höre, was die Seele dir rät:
Wenn du innehältst - für einen Augenblick den Alltag
unterbrichst und das Rad der Zeit anhältst –, dann
wird sich auch in dir der Raum der Stille öffnen.
Aus ihm strömen dir neue Wachstumskräfte zu.
Du unterhältst dich mit einem Fremden. Ihr kommt
euch näher. Das Glück des Verstehens erfüllt deine
Seele. Ihr blickt euch in die Augen. Stille tritt ein.
Der Engel der Geburt fliegt durch das Zimmer.
Du wirst neu geboren.

Eine Idee überfällt dich.
Ein Gedankenblitz leuchtet auf
und erhellt deine Seele.
Wo kommen sie her?
Wer schenkte sie dir?
Spürst du nicht
den Engel an deiner Seite?

Melozzo da Forli (1438 – 1494), Verkündigung (Ausschnitt)

Engel sind Grenzgänger. Als spiritueller
Geburtshelfer führt Gabriel Kinder durch das Tor
des Lebens, er schenkt aber auch Gedanken, Worte,
Melodien und Einsichten. In Geistesblitzen und
Visionen erhellt er Zukünftiges. Er ist der Hüter
der Schwelle zwischen Sein und Werden, zwischen
dem Unsichtbaren und dem Sichtbaren, zwischen
Möglichkeit und Wirklichkeit, zwischen Traum und
Realität, zwischen Ewigkeit und Zeit, zwischen Leben
und Tod. Er ist der Mittler, der Wanderer zwischen
den Welten. Er führt die Seele aus der Ewigkeit in die
Zeitlichkeit und aus der Zeit in die Ewigkeit. Er führt
aus dem Tod ins Leben, aus der Realität in den Traum,
aus der Wirklichkeit in die Welt der Möglichkeiten,
aus dem Sichtbaren ins Unsichtbare, aus dem Werden
des Lebens in das göttliche Sein.

Du fragst:
Wie kann ich mich auf die Begegnung mit meinem
Engel vorbereiten?

Die Seele antwortet:
Innere Offenheit,
Durst nach dem Wasser des Lebens,
Empfänglichkeit und Empfindsamkeit
ziehen deinen Engel an.

Du fragst:
Wie trete ich in Kontakt zu meinem Engel?

Die Seele sagt:
Willst du deinen Engel erfahren, so achte auf die
Momente tiefer innerer Berührung. Engel melden sich
von innen. Sie erscheinen in einem inneren Bild.
Sie sprechen mit einer inneren Stimme.

Du fragst weiter:

Viele Bilder und Stimmen sind in mir. Die Stimme
meiner Eltern und Erzieher, die Stimme meines
Gewissens, Erinnerungsbilder, Bilder der Sehnsucht,
Wunschbilder, vielleicht auch Einbildungen.
Welche aber gehört dem Engel?

Die Seele sagt:

Der Engel kommt wie der Blitz. Dein Leben wurde in
Licht getaucht. Plötzlich wird deine Lebenslinie sichtbar.
Erinnerungen tauchen auf. Wesentliches trennt sich
von Unwesentlichem. Zusammenhänge werden
erkennbar. Du beginnst im Buch deines Lebens zu lesen.
Jetzt erkennst du deinen Weg, deinen Auftrag, deine
Bestimmung, dein Ziel. Jetzt weißt du, warum dich
dein Engel in die Welt geleitet hat.

Manchmal überschreiten wir im Leben die Schwellen zum inneren Königreich. Der Engel der Geburt gab uns den Schlüssel in die Hand. Wir steckten ihn in das Schloss. Er passte. Die Pforten der Wahrnehmung öffneten sich, und wir schauten plötzlich hinter den Schleier der sichtbaren Welt. Ein Gedankenblitz erleuchtet uns, ein stiller Klang hallt in uns nach. Ein Bild taucht auf. Eben schwebte es noch klar vor unserem geistigen Auge. Jetzt ist es vergessen. So sehr wir unsere Erinnerung anstrengen, es kehrt nicht zurück. Ist es für immer verloren? Je weniger wir uns anstrengen, desto schneller wird es uns erneut geschenkt werden. Plötzlich und unverfügbar – so wie beim ersten Mal.

Wieder öffnet sich die Tür, und ein weiteres inneres Bild überschreitet für einen Moment die Schwelle. Es gehört zu einer anderen Welt. In ihr lebt es, in ihr wartet es, immer wieder neu in dein Leben zu treten, bis du es erkennst und in ein Wort, ein Bild oder in Musik verwandelst. Der Engel der Geburt ist der Hüter der ungeborenen Gedanken, der noch nicht geschauten Bilder, der noch nicht erkannten Gesetze, der noch nicht erfahrenen Gewissheiten. Immer wartet er an der Schwelle zu neuem Leben, so wie damals, als er dir zum ersten Mal freundlich zulächelte.

Willem Drost (vermutlich), Die Vision Daniels

Schutzengel
Engel der Kindheit

Der kleine Johannes spielt im Sandkasten. Manchmal blickt er hinüber zur Bank, wo sein Vater sitzt und in einem Buch liest. Das gibt ihm ein Gefühl der Geborgenheit. Ohne dieses Urvertrauen könnte er nicht die Welt erkunden, die Blumen am Rand des Spielplatzes riechen, die fremden Kinder sehen, neue Stimmen aufmerksam hören, den Sand schmecken, den schwarzen Pudel anfassen. Unsere Sinne entfalten sich nur, wenn sich unsere Seele geborgen weiß, weil sie in Gefahren einen Ort der Zuflucht hat. Das Kind steht aus dem Sandkasten auf und läuft in die Arme seines Vaters, die kleinen Enten schwimmen hinter der Mutter her, die Küken suchen Zuflucht unter den Flügeln der Henne, die jungen Füchse verkriechen sich mit der Fähe im Bau. Bald strecken sie wieder neugierig ihre Nasen heraus.

Was lebt und atmet, ist Gefahren ausgesetzt. Deshalb braucht alles Lebendige Orte der Zuflucht. Gut, wenn Vater und Mutter, Freund und Nachbar erreichbar sind. Aber der Mensch lebt nicht nur von der Erde, er weiß auch von der unsichtbaren Welt. Aus ihr kommen die Engel, Boten Gottes. Von der Kindheit bis ins hohe Alter sind sie uns als Begleiter zur Seite gestellt. Wir leben unter ihren Flügeln geborgen - auch wenn wir es nicht immer wissen oder spüren. Der treue Blick des Tieres, die plötzliche Begegnung, Momente der Freude, der neue Blick auf längst Vertrautes, in uns, über uns und neben uns erklingt das Wort des Engels. Noch mehr aber haben Menschen die Stimme des Engels in gefährlichen Situationen, Momenten der Angst und des Schmerzes vernommen. Engel malen keine heile Welt, sondern sie zeigen als Boten Gottes das Heil über der Welt. Dafür öffnen sie uns die Augen der Seele.

Auch du hast einen Schutzengel.
In der Engelwelt spielt es keine Rolle, ob du Christ
oder Buddhist, Moslem oder Jude bist. Der Engel
fragt nicht, ob du Mitglied einer Kirche bist.
Denn sein Wesen ist vorbehaltlose Liebe. Er begleitet
dich durch sämtliche Phasen des Lebens – nicht erst
seit der Geburt, nicht erst seit dem Moment der
Zeugung, sondern von Anfang an steht er dir
als unsichtbarer Freund zur Seite. Was immer
kommen mag: Er wird dich nie verlassen.

Was ist Geburt? Ist Geburt der Tag und die
Stunde, wo das Kind den Mutterleib verlässt und ins
Licht dieser Welt tritt? So sagen wir gemeinhin.
In der Zeitung wird dieser Tag angezeigt. Und die
meisten Menschen feiern ihn als ihren Geburtstag.
Doch manchmal überfällt uns plötzlich eine Ahnung.
Unser Lebensweg beginnt nicht erst mit dieser
Geburt. Jedes Neugeborene hat bereits einen langen
Weg hinter sich.
Wann aber treten wir ins Leben, und wo beginnt unser
Lebensweg? Das Geheimnis unseres Ursprungs liegt
verborgen hinter dem Tor zum Leben. Schon im
Moment der Zeugung ist ein Engel anwesend. Es ist
dein Schutzengel. Er hat deine Seele vom Himmel auf
die Erde gebracht. Er hat sie auf Händen getragen.
Manchmal erwacht in deiner Seele die Erinnerung an
ihren himmlischen Ursprung. Diese heiligen Momente
spürst du mit jeder Faser deines Wesens. Dann erfüllen
dich Freude und Heiterkeit und jenes wunderbare
Wissen: Ich bin ein Gast auf dieser Welt.

Engel sind Grenzgänger zwischen Himmel und Erde. Auch Kinder können mühelos zwischen den Welten pendeln. Schutzengel sind beinahe so wie sie, nur ein wenig vernünftiger. Der Engel der Kindheit ist ernst und heiter, traurig und fröhlich, voll Logik und zugleich voll Phantasie. Wie sein Schützling liebt er die Verkleidung. Auf den Schutzengelbildern des kleinen Jaakob trägt er ein Cowboykostüm, einen Vollbart und schwingt zwei Lassos gleichzeitig, so wie es nur Schutzengel können. Am nächsten Tag wird er ein Ritter mit einem selbst gebastelten Papierhelm sein. Der Schutzengel der kleinen Hannah ist heute eine Prinzessin und morgen eine Tänzerin. Abends gehen die Kinder abgeschminkt, gewaschen und ohne Kostümierung zu Bett. Auch die Schutzengel haben ihre Verkleidung abgelegt. Jetzt beten die Kinder zu ihrem »Schlafengel«. Dann schließen sie die Augen und träumen von der Engelwelt. Die Engel der Kindheit aber wachen die ganze Nacht. Am nächsten Morgen durchdringen sich wieder Engel- und Kinderwelt in heiterer Naivität.

Alle Kinder tragen die reine Stirn der Engel. Weil sie noch klein von Gestalt sind, müssen sie den Blick nach oben richten, um mit der Welt der Erwachsenen in Kontakt zu treten. So ist der Himmelsblick die natürliche Haltung des Kindes. Alle Zuwendung kommt »von oben«. Silbermond und Wolkenschäfchen im Himmelsblau, Wildgänse über dem Stoppelfeld, ein rotbraunes Eichhörnchen im Baumwipfel, der Fensterputzer an der Außenwand des 30. Stockwerkes: Das Kind sieht sie immer zuerst. Erwachsene sind horizontal ausgerichtet, deshalb verlieren sie oft den Durchblick. Das Kind aber schaut über den Horizont hinaus. Deshalb sieht der Engel der Kindheit die reine Stirn des Jungen oder Mädchens aus der Erdentiefe emporleuchten.

Kinder sind Mystiker des Alltags. Sie können staunen, stille werden und sich in die Anschauung einer Pflanze, eines Steines oder Holzstückes versenken. Dann vergessen sie alles um sich herum. Wegen dieses

Engelblicks ist das Kind anders als der Erwachsene gefährdet. Es schaut nach der Katze auf dem Dach und achtet nicht auf den schweren Lastwagen. Es lässt den bunten Drachen auf dem herbstlichen Acker steigen und sieht nicht den Hochspannungsmast. Deshalb begleitet es der Engel der Kindheit durch alle Gefährdungen.

Du bist kein Kind mehr. Wo ist jetzt der Engel der Kindheit? Die sichtbare Welt verlangte deine Aufmerksamkeit. Du hast eine Schule besucht, einen Beruf erlernt oder studiert. Vielleicht hast du geheiratet und eine Familie gegründet, ein Haus gebaut, einen Baum gepflanzt.

Wir wurzeln ein. Aber inmitten des Alltags erfasst uns machmal die Sehnsucht nach dem Engelblick der Kindheit. Wir wachsen und legen wie die Bäume an Jahresringen zu. Doch tief in uns geborgen sind die Ringe der ersten Jahre. Auf ihnen baut unser Leben auf. Kinder sind naiv. Naiv sein heißt dem Ursprung nahe sein. Diese erste Naivität wird in jedem Lebenlauf verloren gehen. Doch in einer zweiten, nachkritischen Naivität können wir sie wieder entdecken.

Auch in dir schlummert der Erfahrungsschatz der Kindheit. Entdecke das Kind in dir, nimm es an und höre auf seine Stimme, so wirst du auch den Engel der Kindheit wiederfinden.

Du fragst:

Wie kann ich meinen Schutzengel erfahren?

Die Seele antwortet:

Erinnere dich an deine Kindheit, an Weggefährten, an große und kleine Liebeserfahrungen. Suche die Spur des Engels in deinem eigenen Leben. Halt ein. Geh' in dich. Überlege: In wieviel Not hat nicht der gnädige Gott über dir Flügel gebreitet?

Immer sind es Wendepunkte und Schlüsselerlebnisse, eine unerwartete Hilfe in der Not, Augenblicke der wunderbaren Rettung und Bewahrung, heilsame Einsichten und Erkenntnisse, in denen die Stimme deines Engels mitschwingt.

Sir Edward Burne-Jones (1833 –1898), Engel mit Blasinstrument

Engelrede ohne Erfahrung ist sinnlos.

Der Zweifel meldet sich:

War es wirklich ein Engel oder nur der Zufall, der mich rettete? Vielleicht habe ich mir das Schutzengelerlebnis nur eingebildet?

Die Seele erwidert:

Willst du Gewissheit haben, so frage dich: Welche Folgen hat das Erlebnis für meinen Lebensweg? Schaue auch den Menschen, die dir von ihren Schutzengelerlebnissen erzählen, in die Augen. Du merkst sofort, ob sie dir religiöse Gefühle vorheucheln oder einen Blick hinter den Schleier der sichtbaren Welt geworfen haben. Innerer Friede, ein Gefühl von Glückseligkeit und Getragensein, die bleibende Erinnerung an die Engelbegegnung und Zurückhaltung beim Sprechen über die Engelerfahrung kennzeichnen die echte Begegnung. Lerne die Unterscheidung von Zufall, Einbildung und Wahrheit. Engelerfahrungen schenken Gelassenheit, Heiterkeit und Nachdenklichkeit. Frage dich: Bin ich ein Stück vorangeschritten auf meinem spirituellen Weg?

Engel sind Grenzgänger zwischen den Welten.
Ergriffen von spiritueller Bewegung
umkreisen sie das Geheimnis der Mitte.
Eine echte Engelerfahrung
hält dich ein Leben lang
in Bewegung.

50

Du fragst:
Warum können Engel fliegen?

Dein Schutzengel antwortet lächelnd:
Weil wir das Leben leicht nehmen.

Die Flügel der Engel sind ein Symbol für die unsichtbaren Flügel deines Glaubens und die Flügel deiner Herzenssehnsucht. Vielleicht hast du deinen Schutzengel erfahren, ohne davon zu wissen. Spüre einmal den beflügelnden Momenten im eigenen Leben nach. Vielleicht erkennst du, in wieviel Not der gnädige Gott über dir Flügel gebreitet hat.

Der Schutzengel schaut

mit dem Blick der Liebe auf dich.
Er blickt
durch alle deine Dunkelheiten hindurch
auf deinen wahren Wesenskern.
Er lässt sich nicht
von Äußerlichkeiten blenden oder ablenken.
Er sieht dich so,
wie du wirklich bist:
Ein Kind der Liebe,
Gottes Ebenbild.

George Frederick Watts (1817–1904), Der Bewohner im Innersten

Auch dein Schutzengel meldet sich zu Wort. Er spricht mit der Stimme des Gewissens. Sein Wort erklingt in den Schlüsselerlebnissen deines Lebens. Er spricht durch den Freund. Er zeigt sich in den Folgen deines Tuns. Dein Schutzengel schützt dich auch vor den Gefahren, die aus dir selbst kommen: der Trägheit, der Eifersucht, der Maßlosigkeit, der Ungeduld. Er kennt dich besser, als du dich selber kennst. Er ist der Hüter deines Wesenskernes.

Der Schutzengel

ist dein Begleiter auf dem Lebensweg.
Wohin wird er dich führen und leiten?
Zu dir selbst!
Unter seinen Flügeln geborgen
wirst du deine Bestimmung finden.
Der Schutzengel begleitet deine Selbstwerdung,
bis du erkennst, wer du wirklich bist,
bis du bei dir selbst angekommen bist,
bis du im Spiegel deiner Seele den erkennst,
der dich ins Leben gerufen hat.

Der Schutzengel führt dich nicht
wie eine Marionette.
Du bist frei.
Du kannst dich für oder gegen
die Stimme der Wahrheit entscheiden.

Pietro Perugino (1469 –1523), Erzengel Raphael mit Tobias

Raphael
Engel der Jugend

Eines Tages erwachst du, und du weißt:
Die Kindheit ist vorbei. Niemand hat dich gefragt,
ob du den Garten Eden verlassen wolltest. Im Paradies
der Kindheit durftest du nicht bleiben. Neue Erfahrungen
stellen sich ein: Einsamkeit, Schuldgefühle und Angst.
Doch auch jetzt gehst du deinen Weg nicht allein.
Am Tor der Jugendzeit erwartet dich Raphael.
Der Engel der Jugend begleitet dich
auf neuen Pfaden.

» *Was früher Engel waren*
und was Engel gaben,
wird vermisst. «

Ernst Jünger

Du spürst:

Traditionen wandeln sich. Bewährte Antworten haben sich überlebt. Neue Fragen stellen sich ein. Nun öffnet sich dir die weite Ebene des Lebens. Der Weg ist frei. Der Horizont ist offen. Die Freiheit verlockt, aber sie macht dir auch Angst.

Du zögerst:

Werde ich meinen Weg durchs Leben finden?
Soll ich nach Hause zurückkehren und das Leben nicht wagen?
Jetzt habe ich meine Stunde,
sagt der Engel der Jugend.

Wo wohnen die Engel?

Im Himmel, hatte die Mutter einst gesagt. Der Kinderhimmel aber ist entschwunden. Wohnen Engel jetzt weit hinter dem Andromeda Spiralnebel oder der Großen Magellanschen Wolke? War die Kindheit eine Zeit der Täuschung? Was geschieht, wenn der Himmel kein Wohnort der Engel mehr sein kann, wenn der Himmel aus Wolken, Sternen und Sternennebeln besteht? Wer rettet dann die Kindheit und gibt dem Glauben eine neue Gestalt? Es gehört zur Tragik der Jugendzeit, dass sich in ihr Fragen einstellen, deren Beantwortung den geistigen Horizont der reifenden Vernunft übersteigt und die dennoch nicht zurückgestellt werden können. Gut, wenn jetzt ein Lehrer als Engel der Jugend erscheint, um seine Schüler durch den Ozean der Fragen zu leiten.

Auch Religionen kommen in die Pubertät. Sie haben ihre Geburtsstunde, ihre Kindheit und ihre Jugendzeit. Manche sterben an Überalterung oder Vergreisung.

Raphael sagt:
Wie sich die aufblühende Knospe
Blatt für Blatt
zur Schönheit der Blüte entfaltet,
so öffne nun auch dein innerstes Selbst
zu neuen Erfahrungen.
Ich begleite deinen Wachstumsprozess.

Der Engel der Kindheit, dessen Wirklichkeit von Eltern und Erziehern bezeugt wurde, ist nun mit dem Kind gewachsen, wilder, bewegter und willensstärker geworden. Um ihm zu folgen, reicht der Glaube der anderen nicht aus. Der Engel der Jugend will in nächtlichem Ringen bezwungen werden. Die Einforderung des Rechtes auf eigene Erfahrung gehört zum Wesensmerkmal der Jugend. Ohne sie ist ein selbstständiges und freies Leben nicht denkbar. Dieses ist von schmerzhaften Erfahrungen der Schuld, der Angst und des Scheiterns nicht frei.

Doch schlimmer ist es, ohne eigene Erfahrung des Wachsens zu bleiben. Wir können sie unseren Kindern nicht ersparen. Durch sie gewinnt ihr Leben an Tiefe. Doch dürfen wir getrost sein. Raphael begleitet sie auf allen hellen und dunklen Wegen. Wir dürfen gelassen sein und loslassen.

Es gibt Lebensphasen, da treten die Engel aus
dem unmittelbaren Erfahrungsbereich zurück. Ihr
Dasein scheint sich zu verflüchtigen. Nur der Träumer
kann jetzt noch an ihnen festhalten. Er sitzt am Fenster
und horcht hinein in die Nacht. Er kümmert sich nicht
um den Spott der anderen, die nicht mehr mit Gottes
Gegenwart rechnen. Er wartet und übt sich in
Geduld. Mögen die anderen spotten. Vielleicht ist das
Warten und Ausfühlen der Nacht vergeblich, vielleicht
zeigen sich schon bald neue himmlische Boten.
Niemand weiß es, ohne das Wagnis einzugehen.
Nur die Erscheinung eines Engels selbst kann alle
Zweifel aufheben.

Lerne die Stille auszuhalten!
Werde nicht mutlos,
wenn Antworten ausbleiben.
Gib die Hoffnung nicht auf,
wenn der Engel nicht erscheint.
Harre aus.
Manchmal ist Warten in Gelassenheit und Heiterkeit
das Gebot der Stunde.
Denn Erfahrungen lassen sich nicht erzwingen.
Ich aber warte mit dir,
spricht Raphael.

Abbot Andersen Thayer (1849 –1921), Geflügelte Figur auf Felsen

»Handle so,
dass die Engel zu tun bekommen!«

(Franz Kafka)

Der Engel der Jugend begleitet alle Wandlungen. Er ist ein Wegbegleiter bei den großen Übergängen, die wir im Leben passieren. Er ist da, wenn wir neue Erfahrungen machen, Altes verlassen, aufbrechen und uns auf die Suche begeben. Er ist unter den Rebellen und Träumern, in den Küchen der Alchemie und unter den Morgenlandfahrern. Er wacht mit dir am offenen Fenster der Nacht und steht neben dir am einsamen Vorposten einer neuen Zeit, die noch nicht geboren ist. Du aber siehst sie mit den Augen deines Engels.

Raphael ist der Engel der Wachstumskräfte.
Er herrscht über den Sommer des Lebens und ist in besonderer Weise der Engel der Jugendzeit. In dieser Lebensphase unterstützt er die Arbeit des Schutzengels. Sein Name gibt seinen Zuständigkeitsbereich an. Raphael bedeutet »Gott hat geheilt«. Neben Gabriel, Michael und Uriel gilt er im Judentum als einer der vier Engelfürsten. Im Judentum ist Raphael der Engel des Sonntages, im Christentum regiert er über den Donnerstag. Jüdische Gelehrte des Mittelalters ordnen ihn dem Planeten Merkur zu. Nach jüdischer Lehre gehörte Raphael zu den drei Engeln, die Abraham aufsuchten. Er war der Lehrer Isaaks.

Über Raphaels Wirken sind wir durch das Buch Tobit gut unterrichtet. Der Maler Rembrandt hat wesentliche Szenen aus dem Buch ins Bild gesetzt. Raphael ist zur Stelle, wenn Menschen auf die Reise gehen. Allerdings begleitet er die Menschen stets inkognito. Er kennt sich aus in der Herstellung von Medikamenten, kann böse

Geister vertreiben, bei finanziellen Engpässen aushelfen und in Liebesdingen beraten, kurzum: Raphael ist der ideale Reisebegleiter auf dem Weg ins Leben. Auf zahlreichen mittelalterlichen Bildern wird er als Führer auf der letzten Reise des Menschen dargestellt. Gemeinsam mit Gabriel trägt er die Seelen der Verstorbenen in einem Wickeltuch in den Himmel.

Raphael ist ein Heiler und Lehrer. Als Arzt zeigt er, dass Krankheiten nicht nur körperliche Ursachen haben können. Er lehrt ein ganzheitliches Bild vom Menschen und die Heilung von Körper und Seele. So ist Raphael in besonderer Weise ein Schutzpatron der Ärzte, Apotheker und der Reisenden. Seine Attribute sind Medizinbüchse, ein Gefäß mit Fischgalle, Kreuz und Stab. Die Lehrer, Erzieherinnen, Psychologen und alle Menschen, die mit der Begleitung von Kindern und Jugendlichen betraut sind, lehrt er eine ganzheitliche Wahrnehmung der Seele.

Die Seele ist nicht nur durch Erziehung, Umwelteinflüsse und die Zeit, in die ein Mensch hineingeboren worden ist, geprägt. Sie kommt vom Himmel und kehrt in den Himmel zurück. Nicht die Eltern haben das Kind gewählt, sondern das Kind hat sich seine Eltern ausgesucht. Das ist ein Zeichen seiner Liebe. Raphael richtet den Blick der Eltern auf den himmlischen Ursprung des Kindes. Er schenkt aber auch jene Gelassenheit, die Eltern brauchen, um ihre Kinder loslassen zu können. Jedes Kind ist mehr als die Summe der erzieherischen Einflüsse und des genetischen Erbes der Familie. Es folgt seinem eigenen Auftrag und muss ihn in seinem Erdenleben entfalten. Der Engel der Heilung schenkt Eltern und Erziehern Mut, auf die Wachstumskräfte im Kind zu vertrauen.

Die Jugend ist eine Zeit des Wartens,
eine Einübung in Geduld und in die Erkenntnis,
dass es keine endgültigen Klärungen und
Lösungen geben kann. Wir bleiben ein Leben lang
auf dem Weg. Deshalb trägt der Engel der Jugend
auch melancholische und leidende Züge.
Das Paradies liegt hinter uns.
Doch wer vorausschreitet,
der wird es wieder am Ende des Lebensweges finden.
Dort schließt sich der Kreis.

Einen Engel erkennt man erst,
wenn er vorübergegangen ist.

Übe dich in der inneren Schau,
bis dich die Liebe in einen Engel verwandelt.

Melozzo da Forlí (1438 -1494), Engel mit Laute

Nuriel
Engel der Liebe

Engel sind Liebende. Ihre Liebe ist in jedes Herz
eingesenkt. Ohne sie können wir nicht leben.
Die Liebe ist Urgrund und Geheimnis der Schöpfung.
Sie ist stark wie der Tod und eine unwiderstehliche
Leidenschaft. Feurig ist ihre Glut und eine lebendige
Flamme. Deshalb kann kein Wasser das Feuer der
Liebe löschen, kein Strom sie ertränken.

Engel sind Boten der Liebe. Deshalb sind sie auch den Einsamen nah. Für einen Augenblick aus Ewigkeit bleibt die Zeit stehen, wenn sie dich mit ihren Flügeln zudecken. Dann leuchtet die stille Flamme in deinem Herzen, und du fasst wieder neuen Mut.

Die Seele spricht:
Ich suche nicht das flüchtige Abenteuer,
sondern den bleibenden Grund des Lebens.
Wo suche ich ihn?
Ich suche ihn in dir.
Lass uns die Liebe suchen, die über uns hinausweist.
Lass uns das Fenster der Ewigkeit suchen,
durch das der Engel der Liebe zärtlich lächelt.
Unsere Liebe sei engelgleich:
zärtlich und sinnlich,
ganz irdisch und
doch nicht von dieser Welt.

Wir können uns bereit halten.
Aber das Wunder der Liebe kann nicht erzwungen
werden. Der Engel der Liebe kommt, oder er lässt uns
warten. So leuchtet in jeder Liebeserfahrung das Licht
einer nicht verfügbaren Wirklichkeit auf. Der Schleier
wird für einen Augenblick gelüftet. Wir blicken
plötzlich durch. Deshalb erfüllt uns die Gegenwart
des Engels der Liebe mit Dankbarkeit.

Der Engel schenkt dir seine Liebe –
wie und wann er will.
Bist du bereit für das Abenteuer seiner Liebe?
Vielleicht wird sie dich führen,
wohin du nicht willst.
Alles ist Gnade,
fürchte dich nicht.

In der Liebe des Engels wird für einen Augenblick Heimat erfahrbar. Luft aus Kindheitstagen und noch weiter her aus dem Garten Eden weht herüber. Vielleicht geschieht sogar das Wunder einer neuen Wahrnehmung, und eines spiegelt sich im anderen: die Kindheit und das Paradies, die liebenden Augen der Mutter und das gütige Antlitz Gottes, das Wiegenlied aus frühen Kindheitstagen und die Melodien jener Lieder, die Gott summte, als er in der Abendkühle durch den Garten Eden wandelte. Bilder einer neuen Einheit. Spuren des Himmels. Der Engel der Liebe lehrt ein neues Sehen. In ihm verbinden sich Himmel und Erde.

Francesco Marmitta (16. Jh.), Maria und das Kind (Ausschnitt)

Mit dem Engel der Liebe
kehrt die Kindheit wieder.
Du und ich
sind wieder nackt
und schämen uns nicht.

Jeder Mensch hat nicht nur die zwei Augen der sinnlichen Wahrnehmung, sondern ein drittes Auge, mit dem seine Seele sieht. Für Kinder ist der Gebrauch des dritten Auges selbstverständlich. Sie schauen genau auf diese Welt und zugleich durch sie hindurch.

Das dritte Auge ist in der Kindheit geöffnet. Es ist der Engelblick des Kindes. In den Stürmen und Turbulenzen des Lebenslaufes schließt sich das dritte Auge zuweilen. Doch schon ein Kuss des Engels vermag die geschlossenen Augenlider der Seele wieder zu öffnen. Das Licht des Himmels kann überall aufleuchten.

Der Engel der Liebe heißt Nuriel. Sein Name bedeutet »Engel des Feuers«. Er wird auch »Licht Gottes« genannt. Der Kuss seiner Lippen schließt die Augen der Seele auf. Er entflammt das Herz mit dem Feuer der Gottesliebe und führt es zur Erkenntnis des Geliebten. Doch bedarf alles spirituelle Sehen und Erkennen der Übung.

Als deine Lippen meine Wimpern berührten,
küsste mich der Engel der Liebe.
Meine Seele erwachte vom Schlaf,
schlug die Augenlider auf
und wurde sehend.

Wenn wir mit Nuriels Augen die Welt betrachten, dann erkennen wir sie mit liebendem Blick. Die Welt wird zu unserer Umwelt, zur Schöpfung, in deren lebendigen Organismus wir eingebunden sind. Rabbiner und Kirchenväter haben von den Engeln der Schöpfung erzählt. Sie sind unsere lebendige und liebende Umwelt. Es gibt Engel des Windes, Engel des Erdbebens, Engel über die Finsternis und den Regen, Engel des Hagels, Engel des Feuers, Engel der Jahreszeiten, Engel der Empfängnis und der Geburt, Engel der Städte und Engel der Völker. Engel der Tiere und Engel der Planeten, Engel der Pflanzen und Engel der Berge … Kein Ort der Welt, der nicht von ihnen beseelt ist.

Keuschheit, Fasten, Wachen und Beten
gehören zum Engelleben der Nonnen und Mönche.
Wenn sie im Stundengebet Gott loben, dann stimmen
sie ein in den immerwährenden Gesang liebender
Engel. Ein Engelleben führt, wer sich mit Leib und
Seele von Gottes Liebe durchfluten lässt. Das ist nicht
nur hinter Klostermauern möglich. Der Engel der
Liebe lehrt viele Möglichkeiten, mit Leib und Seele
ein Zeichen Gottes zu sein.

Joseph Mallord William Turner (1775 –1851), Der Engel, in der Sonne stehend

Die Engel der Natur lehren uns
liebende Demut.
Wir sind nicht die Krone der Schöpfung.

Fra Angelico (um 1387 –1455), Musizierender Engel aus: Tabernakel der Flachshändler

Seraphiel
Engel der Berufung

Der Engel der Berufung begegnet nicht nur den Propheten und Heiligen. Jeder Mensch hat seinen Auftrag und seine eigene Berufung. Doch niemand kennt den Tag und die Stunde, wann der Engel kommt. Darum sei bereit!

Du fragst:
Wie geschehen Berufungen?

Der Engel der Berufung sagt:
Schließe die Augen, und du wirst mich sehen.
Halte dir die Ohren zu, und du wirst mich hören.

Der Engel der Berufung führt dich auf heiligen Boden. Hier ist die Pforte des Himmels. Jetzt wird Ereignis, was du auf vielen Umwegen, in Irrtümern und Stunden des Zweifels suchtest. Du beginnst in die Mitte einzutreten. Hier lodert das Feuer der Gottesliebe. Vielleicht musst du die Augen vor der Strahlung schließen. Vielleicht wird deine Kehle trocken. Vielleicht findest du keine Worte mehr. Aber habe keine Angst, du bist IHM nahe.

Die innere Schau gewährt schon jetzt
Einblicke in die Ewigkeit.
Göttliches kommt zum Greifen nah.
Das hält nicht jeder aus.

Fra Angelico (1387 – 1455), Der Erzengel Gabriel

Der Engel deiner Berufung ist auch der Engel, der dir Inspirationen schenkt und dich auf einen neuen Weg führt. Niemand kann sein Feuer auf Dauer unterdrücken. Auch dich hat der Engel der Berufung geküsst. Darum verzage nicht, wenn deine alten Freunde dich verkennen oder belächeln. Verzweifle nicht, wenn sie dich nicht verstehen und du ihnen fremd zu werden beginnst. Die Wahrheit deines Lebens wird ans Licht treten. Bleibe dem Engel deiner Berufung treu.

Menschen mit Visionen
machen sich manchmal unbeliebt.
Denn sie schauen über den Horizont der Zeit hinaus
auf die kommende Welt.

Visionen kommen nicht aus heiterem Himmel.
Lange Phasen der Vorbereitung und Annäherung
gehen ihnen voraus. Die religiösen Visionäre stehen
in der Mitte ihres Lebens. Es sind reife Frauen oder
Männer, die auf einen bewegten Lebensweg
zurückblicken können.
Die Botschaft des Engels der Berufung duldet keine
Halbherzigkeit. Sie ergreift dich vollständig.
Kein Wunder, wenn du erzitterst.

Ein Geheimnis:
In der Gegenwart des Engels der Berufung
stirbst du
und wirst zu neuem Leben geboren.
Siehe, das Alte ist vergangen!

Der Engel der Berufung begegnete Abraham,
Jaakob, Moses, Jesaja und Hesekiel.
Was sie geschaut, was sie vernommen haben,
hält die spirituelle Welt noch immer in Atem.

Prophetenvisionen sind synästhetische Erlebnisse. Der ganze Mensch wird ergriffen und gewandelt. Der Engel reicht dem Propheten Ezechiel eine beidseitig beschriebene Schriftrolle. Ezechiel erhält den Auftrag, die Rolle zu essen, um anschließend im Namen Gottes zu sprechen. »Da aß ich sie, und sie war in meinem Munde so süß wie Honig.« (Ezechiel 3.3)

Das Bedürfnis nach geschauter und gehörter
Offenbarung ist unserer Seele tief eingewurzelt.
Sie will den Engel der Berufung sehen, hören, fühlen,
riechen, schmecken – kurz: mit allen Sinnen begreifen.

Pietro Perugino (1469 –1523), Anbetung des Kindes (Ausschnitt)

Seraphiel ist der Engel der Berufung.
Durchglüht von der Liebe Gottes singt er mit allen
Seraphim und Cherubim das »Heilig, heilig, heilig«
(Jesaja 6.3). Wenn die Gemeinde in diesen Gesang
einstimmt, dann hat sie Anteil an der Gottesschau.
Der Gottesdienst wird zum Ort des Schauens und
Schmeckens.

Wann ist diese Religion der Zärtlichkeit und Sinnlichkeit jemals in den Gemeinden gelebt worden? Wann ist der Vielklang des Gesanges der Seraphim jemals in den Gemeinden erklungen? Wo wurde der fröhliche Wetteifer um den Ausdruck der Herrlichkeit Gottes und seiner Schöpfung jemals gelebt?

Wer zog aus der Schau der Seraphim Kraft, die Welt zu wandeln? Der Engel der Berufung führt in eine Welt, die rein und vollendet vorerst nur in der Vision lebt. Deshalb setzt sie uns in Erwartung. Doch manche Schau wird erst am Ende der Zeiten eingeholt.

Seraphiel und die Seraphim stehen unmittelbar
vor Gottes Gegenwart. Sie haben sechs Flügel.
Mit zweien bedecken sie ihr Antlitz, mit zweien
bedecken sie ihre Füße, mit zweien fliegen sie.
Die Flügel der Seraphim verhüllen ihre geheimnisvolle
Gestalt. Seraphim und Cherubim gehören zu den neun
Chören der Engel. Sie heißen: Seraphim,
Cherubim, Throne, Mächte, Herrschaften, Gewalten,
Fürstentümer, Erzengel und Engel. In ständiger
Bewegung umkreisen sie die Mitte des Lebens.
Sie schauen auf Gott und zugleich auf die Welt.
Ihr Bild soll uns ein Spiegel sein.

Der Engel der Berufung schenkt die Vision
eines neuen Lebens.
Die Welt durchströmt er mit Gottes Liebe.
Doch wie können wir in Worte fassen, was nicht
von dieser Welt ist?
Die Sprache der Seraphim führt uns ins Unsagbare.
Kein Priester, kein Religionslehrer kann
in die Sprache der Welt übersetzen,
was nicht von dieser Welt ist.
Der Engel der Berufung schenkt uns einen Einblick
in den letzten Grund der Wirklichkeit.
Das sprengt jeden irdischen Vergleich.
Doch gibt es Annäherungen durch Gesang,
Tanz und Schweigen.

Seraphim sind Engel der Liebe. Ihr Name deutet ihr Wesen und ihre Aufgabe an: Sie sind »Entflammer« oder »Erhitzer«. Seraphim sind von einem flammenden Liebesverlangen durchdrungen. Ihre Symbole sind das Feuer, ein brennendes Herz, flammende Flügel und feuerfarbene Kleider. Sie verkörpern die höchste Liebe, zu der wir fähig sind.

Cherubim sind Weisheitsengel. Sie schauen Gott von Angesicht zu Angesicht, besitzen die vollkommene Gotteserkenntnis und geben diese Erleuchtung weiter. Ihr Name bedeutet »Fülle des Wissens«. Cherubim sind dem Verstand und der Erkenntnis zugeordnet, Seraphim dem Herzen. In der Malerei werden Cherubim durch verschiedene Symbole kenntlich gemacht: ein Dreieck auf der Brust, in dem sich das Gottesauge befindet; manchmal halten sie einen Himmelsglobus, ein Buch oder ein Siegel in der Hand oder tragen ein Sterndiadem auf dem Haupt.

Die Seraphim entflammen das Herz mit Gottesliebe. Cherubim haben anschließend die Aufgabe, die Seele des Menschen mit göttlichem Licht zu erhellen. Sie setzen das Werk der Seraphim fort, indem sie der Seele die göttliche Erleuchtung schenken. Deshalb werden die Cherubim auch als Engel der Erleuchtung oder Engel des dritten Auges bezeichnet.

Erleuchtung wird geschenkt, damit sie weitergegeben wird. Dies lehrt das Beispiel der Cherubim. Sie reichen die Flamme der Selbsterkenntnis an Menschen weiter, die mehr Licht in die Welt bringen wollen und andere begleiten, damit auch sie lernen, mit dem dritten Auge oder dem Auge der Seele auf den Grund der Dinge zu schauen.

Erleuchtung ist die Erfahrung der Mitte.
Ein Licht geht in deiner Seele auf.
Du blickst wieder durch.
Das Wesentliche wird sichtbar.
Jetzt erkennst du den Sinn deines Lebens.

Hans Pleydenwurff (†1472), Michael tötet den Drachen

Michael
Engel des Kampfes

Zwischen dem Engel der Berufung und dem Engel der Vollendung steht der Engel des Kampfes. Jaakob ist ihm am Jabbok begegnet. An diesem Fluss fand zu nächtlicher Zeit ein Ringkampf statt. Als endlich die Morgenröte anbrach, wollte der Engel fliehen.
Er versuchte sich aus Jaakobs Armen zu reißen.
Jaakob aber sagte: »Ich lasse dich nicht, du segnest mich denn!«
Der Engel schlug ihn auf die Hüfte. Dann segnete er ihn. Der Gesegnete ist zugleich der Gezeichnete.
In seinem Licht gewinnen auch deine Stunden der Schlaflosigkeit und des inneren Ringens neuen Sinn.

Der Engel des Kampfes

sucht die Auseinandersetzung mit dir.
»Ich lasse dich nicht, du segnest mich denn«:
Mit diesen Worten
lässt er sich den Segen abringen.

In Bethel schaute der junge Jaakob die Himmelsleiter. Am Jabbok aber kämpft ein reifer Mensch in der Mitte des Lebens um den Bestand seiner Berufung. Was dem jungen Träumer zufiel, will jetzt in zähem Ringen neu erworben werden.

Viele Begabungen werden uns in die Wiege gelegt, und manches Geschenk erhalten wir auf dem Lebensweg. Dann aber kommen der Tag und die Stunde, in der wir ringen müssen. Der junge Mensch hat das Leben noch vor sich, der reife Mensch aber hat bereits die wichtigsten Entscheidungen getroffen. Der Junge träumt, der Ältere aber ringt. Wer am Jabbok seines Lebens angekommen ist, für den gibt es kein Zurück mehr.

Dieser Fluss hat heute viele Namen. Er ist eine Bewährungsprobe auf deinem Lebensweg. Vielleicht eine Trennung, eine Krankheit, ein Verlust – du musst hindurch, wenn dir jenseits des Flusses die Sonne eines neuen Lebens aufgehen soll.

Manchmal drohen deine Kräfte zu versagen.
Der Rückzug lockt.
Gib jetzt nicht auf.
Besinne dich auf deine Talente.
Begabungen sind ein Geschenk.
Dein Engel hat sie dir anvertraut.
Nur wer sich selber wichtig nimmt,
wird auch anderen ein Segen sein.
Das schließt die Möglichkeit des Scheiterns nicht aus.
Doch wie du dir selbst treu bleibst,
das allein zählt zuletzt,
sagt der Engel des Kampfes.

Eine Flucht vor dem Engel des Kampfes
ist eine Flucht vor deiner Berufung.
Sie steht dir jederzeit offen.
Niemand wird darüber traurig sein,
nur der eine,
der deine Seele begleitet und
der deinen Auftrag besser kennt als du selbst,
der Freund und Geliebte,
der dir zur Seite steht.

Der Gesang der Engel ist Widerhall.
Sie sind von Gottes Herrlichkeit durchdrungen.
Wenn wir singen, malen, tanzen oder schreiben,
dann sind auch wir ein Gefäß der Schöpferkraft,
dann ringen wir mit seinem Engel,
dann ist Gott gegenwärtig.

Der Engel des Kampfes heißt Michael.
Vielleicht war er der Engel, mit dem Jaakob
am Jabbok rang. Wer weiß es?
Die Stätten, an denen Menschen mit dem Engel
des Kampfes gerungen haben, besitzen eine
besondere Aura. Noch Jahrhunderte später
spürst du die Stärke der Strahlung.

Rembrandt van Rijn (1606 –1696), Jakob ringt mit dem Engel

Der Name des Engels Michael ist eine rhetorische Frage und zugleich eine Kampfansage gegen alle dunklen Mächte der sichtbaren und unsichtbaren Welt, die meinen, sie könnten sich im Himmel oder auf Erden als Götter aufspielen: »Wer ist gleich Gott?«

Michael vertreibt Adam und Eva aus dem Paradies. Er hilft Eva bei der Geburt Kains, schenkt Adam göttliche Offenbarungen, besucht mit Gabriel und Raphael den Stammvater Abraham. Er war es, der nach jüdischem Glauben mit Jakob am Jabbok rang, der das Volk Israel durch die Wüste führte, Moses unterrichtete und ihm die Zehn Gebote überreichte. Er überbrachte Salomo den Siegelring, mit dem er alle männlichen und weiblichen Geister bannen und Jerusalem erbauen konnte.

Michael und seine Engel bekämpfen den rebellischen Teufel und stoßen ihn aus dem Himmel. Unter den Christen wird er als sechsflügeliger Seraph verehrt. Er wird zur Abwehr von Feuersbrünsten angerufen, Amulette mit seinem Bildnis schützen vor bösem Blick, Depressionen, epileptischen Anfällen und dämonischer Versuchung. Im Mittelalter waren die Michaelsbriefe äußerst beliebt. Man setzte sie gegen jede Art von Bedrohung durch Einbrecher, Feuersbrunst, Unfälle oder Krankheiten ein. Wie die Himmelsbriefe in anderen Religionen, so war auch der Michaelsbrief der Legende nach vom Himmel gefallen, und zwar genau auf den Mont-Saint-Michel. Bischof Aubert von Avranches, dem der Engel in einem Traum im Jahr 708 erschienen war, hatte ihn zum späteren Unwillen der römischen Synode von 745 verbreiten lassen. Er enthielt eine Segensformel, die in ganz Europa verbreitet wurde. Diese Michaelsbriefe wurden unter das Kopfkissen gelegt, in den Mantel eingenäht oder dem Vieh ins Futter gemischt.

Der Michaelstag war lange Zeit ein wichtiger Zeitabschnitt im Alltagsleben des Volkes. Hier waren Schulden zu begleichen, das Gesinde konnte die Stelle wechseln, die Familie kam zu großen Festen zusammen, die Michaelsgans kam auf den Tisch, Kinder zogen von Haus zu Haus und sammelten Äpfel, Nüsse und andere Gaben. Auf der Insel Bornholm fanden Gelage statt, bei denen die Michaelsminne, ein starkes alkoholisches Getränk, reichlich getrunken wurde.

Überall in Europa entstanden Michaelshöhlen und Michaelskirchen. Und natürlich waren Kontaktreliquien des wehrhaften Engels heiß begehrt: Behänge vom Altar der Felsenkirche am Monte Gargano oder auch Teile des Felsens. In Valenciennes glaubte man das Schwert des Engels zu besitzen, und in der romanischen Michaelskapelle bei Kleebronn wurde sogar eine Feder des Engels verehrt. Eduard Mörike ironisiert die Legende aus der Zeit der Germanenmission durch Bonifatius in seinem Gedicht »Erzengel Michaels Feder«. In der neu gegründeten Michaelskapelle findet sie einen würdigen Ort der Verehrung.

Vielleicht muss man alles vergessen, was über den Engel berichtet wurde, und nur auf die Anfrage lauschen, die aus seinem Namen erklingt: Wer ist wie Gott? Sie richtet sich an die Forscher, die mit menschlichen Klonen experimentieren, an Militaristen und religiöse Fundamentalisten. Michael zeigt, dass Engel nicht zu allem »Ja und Amen« sagen, dass sie eine Grenze ziehen, die niemand überschreiten darf. Herauszufinden, wo diese Grenze liegt, ist jeder Generation neu aufgetragen.

Alles Lebendige folgt einem Rhythmus. Frühling, Sommer, Herbst – das ist Aussaat, Aufblühen und Ernte. In den Spuren des Jahres spiegelt sich unser Lebenslauf. Über den Frühling des Lebens regiert Gabriel. Die Zeit des Sommers gehört Raphael. Michael ist der Engel des Herbstes. Sein Festtag ist der 29. September, sein Kennzeichen die Waagschale und das Schwert.

Einmal kommt für jeden Menschen die Erntezeit des Geistes. Dann werden die Früchte deines Lebens in Michaels Waagschale gelegt. Das ist die Stunde der Selbsterkenntnis. Gut, dass dein Schutzengel dir auch jetzt zur Seite steht. Er wirft seine Liebe mit in die Waagschale.

Simon Marmion (um 1449 –1489), Chor der Engel

Uriel
Engel der Vollendung

Ein Kastanienbaum im Herbstwind.

Die Hülse ist reif. Sie platzt auf. Die braune Frucht springt heraus. Einst wird auch für dein Leben die Erntezeit beginnen.

Wann aber ist ein Leben vollendet? Wenn das Haus gebaut, der Baum gepflanzt, das Kind geboren worden ist? Wann ist das Leben vollendet? Wenn wir im Beruf unkündbar geworden sind? Wenn die Kinder ihren eigenen Weg durch das Leben gefunden haben? Wenn wir in Rente oder Pension gehen und die Lebensversicherung mit hoher Verzinsung ausgezahlt werden konnte? Wann ist das Leben vollendet? Wenn uns Herzinfarkt, Krebs und Schlaganfall erspart blieben? Wenn wir noch eine Aufgabe haben? Wenn ein Mensch alt und lebenssatt sterben durfte?

Einst wird dein wahrer Wesenskern wie die
braune Frucht der Kastanie sichtbar hervortreten.
Du brauchst dich nicht mehr zu verhüllen oder
zu verstecken. Der Engel der Vollendung wird dich
in seine Arme nehmen.

Manchmal erfährst du glückliche Momente
der Vollendung mitten im Leben. Doch kannst du
dir ein vollendetes Leben als Dauerzustand nur schwer
vorstellen, solange du auf dem Lebensweg bist.
Der Engel der Vollendung führt dich über den
Horizont des irdischen Lebens hinaus. Du trittst
wieder ein in das Geheimnis deines Ursprungs.
Dort wirst du ein Engelleben führen.

»*Denn in der Auferstehung* werden sie weder heiraten noch sich heiraten lassen, sondern sie sind wie die Engel im Himmel.« (Matthäus 22.30) Glücklich der Mensch, der schon jetzt die goldenen Spuren des Engellebens in seinem Lebenslauf entdeckt. Denn ein Vorschein der Vollendung leuchtet überall auf.

William Blake (1757 –1827), Engel über dem Grab Christi wachend (Ausschnitt)

Der Sterbende steht vor der hohen Zeitmauer zwischen Himmel und Erde. Wird ihm ein Durchblick gewährt? Wird ein Teil der anderen Welt sichtbar? Wir wissen es nicht, solange wir noch in diesem Leben weilen. Aber wir werden es erfahren. Der Tag und die Stunde werden kommen. Dann erscheint auch uns die weiße Lichtgestalt des Engels der Vollendung.

In seiner Todesstunde

legte sich Franz von Assisi
vollständig entkleidet wie ein Neugeborenes
auf den nackten Boden.

Unter Engeln brauchst du
die nackte Wahrheit deines Lebens
nicht mehr zu verhüllen.
Du bist
angekommen
und
angenommen.

Wenn Glanz
auf dem Gesicht des Sterbenden aufleuchtet,
dann ist der Engel der Vollendung da.

»*So sicher ich nun* in mein Haus gehe und mich zu Bette lege und gewiss bin, dass die guten Engel einen Befehl haben auf mich zu sehen: Also sicher und gewiss soll ich auch sein, wenn ich den letzten Gang unter die Erde ins Grab gehe, dass die lieben Engel auch da sein werden und mich geleiten.«

(Martin Luther)

Das Vollendete kann nicht mehr verschönert, erweitert oder ergänzt werden. Es ist rund. Deshalb stehst du vor dem Vollendeten sprachlos und voller Bewunderung. Doch manchmal fühlst du dich auch ausgegrenzt und abgewiesen. Du spürst: Das Vollendete kommt auch ohne dich aus. Es braucht dich nicht. Jetzt betrachtest du dein Leben im Spiegel des Vollendeten, und du erkennst: Der Wille zur Vollendung lebt wohl in dir, aber die Vollendung selbst erreichst du nicht aus eigener Kraft. Das ist die Stunde des Engels der Vollendung.

Der Engel der Vollendung sagt:
Du brauchst dich nicht länger selbst verwirklichen.
Komm,
lass dich jetzt fallen.

Der Ort unserer Vollendung liegt jenseits der
Zeitmauer zwischen Himmel und Erde.
Wir können uns nicht selbst vollenden. Unser Leben
bedarf der Ergänzung durch den Engel der
Vollendung. Vollendung im Himmel zu erwarten,
das heißt offen sein für die Zukunft, tolerant sein
gegenüber anderen Erfahrungen, denn niemand kennt
den Weg der Vollendung eines anderen Menschen.

»*Denn eben derselbe Engel*
muss mich empfangen und heben,
wenn ich in den Schlaf sinke,
der mich empfängt und hebet,
wenn ich sterbe.«

(Martin Luther)

Am Haus ranken das rotgelb blühende Geißblatt, der wilde Wein und die Rosenstaude. Im Frühjahr treiben sie grüne Blätter. Die neuen jungen Zweige sind noch zu schwach, um sich aus eigener Kraft zu halten. Der Gärtner bindet sie hoch. Andere Zweiglein suchen Halt an älteren, teilweise verholzten Ästen. Manche haben sich untrennbar durch das Stützgitter gewunden. Schon seit Jahren sind sie ohne Saft. Sie sind erstorben, doch geben sie noch immer den jungen Trieben eine Stütze.

Die Toten begleiten die Lebenden. Beider Schicksal ist untrennbar ineinander verwoben. Die Toten sind den Lebenden nur vorausgegangen. Aus dem Leben in den Tod, aus dem Tod ins Leben. Auf dem Grab steht ein Engel. Es ist der Engel der Vollendung. Er sagt: Dein Leben war ein Traum. Jetzt bist du erwacht.

Der Engel der Vollendung heißt Uriel.
Als Jahreszeit ist ihm der Winter zugeordnet. Der Name Uriel bedeutet »Flamme Gottes« oder »Mein Licht ist Gott«. Uriel bildet mit Gabriel, Raphael und Michael eine Vierergruppe. Uriel bringt Licht ins Dunkel der Todeswelt. Das Licht der Wahrheit, der Gerechtigkeit, der Selbsterkenntnis. Uriels Flamme leuchtet, wenn Menschen sich fragen: Was habe ich aus meinem Leben gemacht? Wo habe ich versagt? Wo bin ich schuldig geworden?
Dann bietet sich der Engel des Feuers als Seelenführer an. Sein Ziel ist die Aufrichtung des Menschen. Wir brauchen uns nicht zu verstecken oder uns Selbsttäuschungen hinzugeben oder anderen etwas vorzumachen. Zu jedem Leben gehört die dunkle Seite. Uriel setzt sie ins Licht der Erkenntnis. Er hilft, das eigene Leben wahrhaftig und ohne Selbstmitleid anzunehmen. Seine Flamme hat die Kraft der Reinigung und Läuterung.

Brennend vor Liebe gibt Uriel niemals auf, jeden Menschen zu retten. Engel können gar nicht anders als lieben. Die flammende Liebe ist ihre Natur. Uriel ist zuständig für letzte Wahrheiten, für die Momente an dem Krankenbett, dem Sterbelager, aber auch in allen anderen Gesprächen, wo eine Ausflucht oder Selbsttäuschung nicht mehr möglich ist. Uriel bringt die Sache auf den Punkt.

Das kann schmerzlich sein, aber es befreit.

So ist Uriel auch der Engel der Buße und des Friedens. Er hilft gegen Anfechtungen und Schuldgefühle, indem er immer wieder auf die reinigende Kraft der Flamme verweist.

Anschließend führt Uriel die Seele gemeinsam mit ihrem Schutzengel ins Paradies.

Ein Engelgebet

Im Namen des Herrn:
Zu meiner Rechten Michael,
und zu meiner Linken Gabriel,
und vor mir Uriel,
und hinter mir Raphael –
und über mir die Anwesenheit Gottes.

Fra Angelico (um 1387 –1455), Engelchor

Wie lange dauert der Flug der Seele, bis sie
wieder zu ihrem Ursprung zurückgekehrt ist?
Ein kurzer Stillstand von Herz und Lunge, dann
wieder tief durchgeatmet, und die Seele erblickt
ihren Schöpfer? Werden alle Seelen hochgetragen?
Wann findet der Jüngste Tag statt und wo das
Jüngste Gericht? An der Zeitmauer zwischen Himmel
und Erde türmt sich ein Gebirge von Fragen auf.
Die Ewigkeit kann aus der Zeitlichkeit nicht
erschlossen werden. Der Engel der Vollendung
aber sagt: Du kannst aus der Liebe Gottes nicht fallen.

»*Sobald die Augen sich schließen,* wirst du auferweckt werden. Tausend Jahre werden sein, als wenn du ein halbes Stündchen geschlafen hättest. Gleich wie wir, wenn wir des Nachts den Stundenschlag nicht hören, nicht wissen, wie lange wir geschlafen haben, so sind noch viel mehr im Tode tausend Jahre schnell hinweg. Ehe sich einer umsieht, ist er ein schöner Engel.«

(Martin Luther)

Werde wie die Kinder!
Kehre wieder zum Ursprung zurück!
Wenn der Engel der Vollendung kommt,
dann erkennst du wieder
das Kind in deiner Seele.

Am Ende wirst du ins Meer der Liebe eintauchen. Du wirst durchdrungen sein von den warmen Strahlen der göttlichen Sonne und den Odem Gottes atmen. Wenn Gott dann alles in allem sein wird, dann wirst du mit allen Menschen, Schutzengeln und Engeln in ihm geborgen sein. Die große Einheit wird sichtbar. Und mit dir kehrt alles Lebendige zu seinem Schöpfer zurück. Was mag dieser Augenblick für Gott selbst bedeuten? Und wie wirst du dich fühlen?

Stille sein und schauen,
schauen und lieben,
lieben und loben.
Das ist's,
was dereinst sein wird,
an jenem Ende ohne Ende.

Hans Memling (um 1433 –1494), Musizierende Engel (Ausschnitt)

»Ich in dir,
du in mir,
lass mich ganz verschwinden,
dich nur sehn und finden.«

(Gerhard Tersteegen)

Wer die Flügel des Glaubens ausbreitet
und Gottes Engel wirken lässt,
der wird von ihnen
in Gottes Mitte emporgehoben,
um unter seinen Flügeln geborgen zu sein.

>>*Die Glauben haben,*
befinden sich bereits im Paradies
und thronen mit den Herzen im Himmel.<<

(Martin Luther)

Simon Marmion (um 1449 –1489), Chor der Engel (Ausschnitt)

Bildnachweis

AKG – Images, Berlin: Seiten 16, 94
National Gallery, London: Seiten 58, 130, 159
Archiv Jörg Zink, Stuttgart: Seiten 36, 78 und Umschlagbild

Bibliografische Information Der Deutschen Bibliothek
Die Deutsche Bibliothek verzeichnet diese Publikation in der Deutschen
Nationalbibliografie; detaillierte bibliografische Daten sind im Internet über
http://dnb.de abrufbar

© 2003 Kreuz Verlag GmbH & Co. KG Stuttgart
Ein Unternehmen der Verlagsgruppe Dornier
Postfach 80 06 69, 70506 Stuttgart, Tel: 0711/78 80 30
Sie erreichen uns rund um die Uhr unter www.kreuzverlag.de
Umschlagbild: Dirk Bouts, Speisung des Elias, Ausschnitt Engel
Umschlaggestaltung: P Agentur für Markengestaltung, Hamburg
Druck und Bindung: Westermann Druck, Zwickau

ISBN 3 7831 2225 2